CHRISTOPHER PETIT

LE CHEMIN DE L'AMOUR

POÈMES

Édition BOD

Ce recueil de poésie est dédié à mes parents, mes amis, mais également à vous très chers lecteurs.

3

PRÉFACE

Dans ce recueil, j'ai décidé d'aborder un thème particulier celui de « L'AMOUR ».
Le plus beau des sentiments que l'on puisse avoir dans une vie.
Vous savez ce sentiment intense d'affection et d'attachement envers une personne ou quelque chose de particulier.
Il peut être physique, intellectuel, et même imaginaire.
Cet amour que l'on éprouve peut nous conduire à différents chemins, il peut aboutir à une relation amoureuse, à un amour familial, à une amitié.
L'amour est le thème privilégié de l'art, il est la place centrale de notre vie.
Aimer est un bien grand mot pour un sentiment profond et intense de notre cœur.
Comme un symbole cela fera presque 10 ans que j'ai vécu ma dernière histoire d'amour.

Je l'ai souvent recherché, mais il m'a toujours fui, peut-être que ma destinée est d'être seul........

C'est pourquoi, j'ai décidé de vous raconter mon rêve amoureux.
Il résulte des sentiments que j'ai pu éprouver à l'égard d'une personne particulière.
Hélas pour moi, ce rêve était très beau pour être vrai, mais il méritait tous ces mots.
L'amour peut être également synonyme de souffrance quand on a fortement aimé et qu'un jour, le destin nous l'a brisé, je vous le raconte également.

Comme je le dis « Aimer, c'est une providence de la vie, rien n'est plus beau que d'aimer et être aimé en retour, c'est le plus beau témoignage de notre existence, c'est cela la magie de l'amour. » Chris

6

Sommaire

1. Premier Amour..................................11
2. Désir Érotique..................................14
3. L'Amour Infini..................................19
4. Je Continue De Croire........................22
5. L'Amour En Silence..........................25
6. Un Amour Espéré..............................29
7. L'Insomnie Et L'Amour......................31
8. Le Chemin De L'Amour......................33
9. Un Jour, On Se Retrouvera................40
10. Déchéance.....................................44
11. Une Étoile Dans Le Ciel...................46
12. L'Amour De Ma Vie.........................49
13. Ma Princesse..................................52
14. Une Balade Amoureuse....................57
15. Confidence Pour Confidence............61
16. Lettre À Maman..............................65
17. Un Amour Partagé...........................68
18. Partir Un Jour Avec Toi....................71

19. Un Amour Confiné..................................73
20. Coeur En Perdition................................77
21. Révélations..79
22. Ma Peine Immense.................................84
23. Refaire Le Monde..................................86
24. Un Simple Merci....................................89
25. Reste Chez Toi.......................................92
26. Quinze Ans Déja Un Ange nommé
    maman..94
27. 13/11/15..98
28. Une Vie En Solitaire............................103
29. Un Rêve Envolé...................................105
30. Un Amour Émerveillé.........................108
31. Près De Moi...113
32. Une Nuit Érotique...............................116
33. Ma Belle Étoile....................................122
34. Tant De Choses...................................125
35. À La Vie À La Mort............................127
36. Citations..130
37. Remerciements....................................168

« Le véritable amour ne se trouve pas, il se construit puis s'entretient. Chaque jour est une bénédiction d'écrire une nouvelle page de son histoire. »

PREMIER AMOUR

À travers cette union qui me procurait cette étincelle,
Je me souviens de toi,
D'une image aimante, naturelle,
D'une délicatesse extrême envers moi.
Sabrina, tu resteras gravée pour toujours
Dans mon cœur, car tu étais mon premier amour.
Jamais, je ne pourrais oublier notre histoire.
Celle-ci était pleine d'espoir.
Dire que pendant plusieurs mois, tu m'aimais secrètement
Moi, je ne voyais rien, car je ne m'intéressais aucunement,
À une quelconque histoire d'amour.
C'est tout de noir vêtu en ce jour
D'été que nos sentiments se sont dévoilés

Et que l'on s'envoyait du rêve, dans notre amour.
Comme ce couple d'inséparables qui nous ressemblait.

Notre amour brillait telle une étoile brillante
De ces corps enlacés par cet amour imminent
Qui écrivait cette histoire fastidieuse
Remplie d'émotions mystérieuses
Qui rendaient cette beauté élogieuse.
Une résonance mélodieuse
S'illuminait par ce soleil d'été.
Un ciel bleu azur nous habitait.

Jalouse, ton amour
Pour moi, m'était abondant
Tel un saphir éclairé en plein jour
Qui m'était reposant.
Pendant, cette période dorée

Jour et nuit, chaque seconde
Nous partagions nos deux ondes
Qui nous illuminaient.

Mais, ce tragique événement d'octobre a
totalement bouleversé ma vie.
Cet amour naissant m'a abandonné.
Pendant que mes pleurs divaguaient
Sous les rives de la paix
Éternelle, ma journée était hantée
Par ma réflexion désarmée

Il suffisait d'un souvenir
Pour voir ton dernier soupir
Maintenant, que nos chemins se sont séparés
Et que mes pleurs se sont dissipés
Je continuerai sans toi
Même si j'ai besoin de toi
Tu resteras la plus belle évasion
De mon adolescence.........

DÉSIR ÉROTIQUE

Cette nuit, mon appétit sexuel est grand,
Lorsque, tu me rejoins dans notre chambre
Je ne peux qu'être envoûté par cette senteur d'ambre
Qui embellit ton corps si charmant,
Celui qui me guide pas à pas
Vers le chemin de l'amour,
Celui qui m'interpelle en ce jour.

Lorsque, je pose ma main sur ta poitrine généreuse.
Je sens cette alchimie se dessiner avec envie.
Ta chaleur me pénètre de manière désireuse.
Doucement, celle-ci m'apaise et me devine.
Je ferme les yeux afin de savourer ce délicieux moment qui s'offre à nous.
Intensément, le désir m'est palpable,

Devant ce magnifique regard qui s'offre à moi,
Celui-ci m'est si pur, si doux, si aimable,
Que je ne peux résister davantage face à ce destin de roi.
La seule manière afin de goûter à ce joli fruit si juteux.
C'est de céder à la tentation et d'y goûter.
Je suis dingue de toi.
Ton amour est ma foi.

Sensuellement votre, mes lèvres frôlent ta peau.
Mon plaisir en devient intense,
Devant cette effervescence.
Langoureusement, je t'offre mes baisers les plus charmés.
Cette sensation m'anime de manière enchantée.
Délicatement, je te caresse le visage,
Celui d'un petit ange,

Qui ne demande qu'à s'envoler au septième ciel.
Doucement, ma bouche te parcourt petit à petit.
En commençant par tes seins qui m'appellent avec envie.
Ensuite, mes caresses se dessinent sur ces courbes longilignes qui me tutoient avec volupté.
L'alchimie est parfaite.
Nos deux corps s'enlisent à l'unisson,
Tel un volcan en éruption.

Je glisse mon corps sur le tien,
Afin de te faire voyager,
Au fur et à mesure de ce plaisir,
Qui m'habite avec ardeur et envie.
Cette sensation est tellement profonde,
Que je commence doucement à te parcourir.
Mes doigts se glissent sur ton corps,

*Pour en découvrir chaque contour, chaque partie,
Jusqu'à la douce résonance de tes soupirs.
Je te pénètre sensuellement,
Une douce mélodie résonne toute la nuit,
Celle de deux esprits qui jouissent,
En totale harmonie.
Mon désir en devient encore plus grand.*

*Nos deux corps s'accélèrent.
Je frissonne de désir en retour,
Ce qui vaut le détour.
Ta peau si douce et si unique
Me procure un vaste plaisir, lorsque tu me caresses à ton tour.
Je savoure avec passion,
Ce moment spécial avec admiration,
Celui de cette fellation,
À ma plus vaste satisfaction.*

Ce plaisir nocturne s'étend indéfiniment,
Puisque je te chevauche exquisément.
Ton désir en devient extrême.
Je te fais voyager,
Je te fais crier,
Jusqu'à atteindre l'orgasme suprême.

Un plaisir émerveillé,
Une affection qui te secoue.
Un désir qui en vaut vraiment le coup.
Un instant magique et raffiné,
Celui d'un amour charnel,
Avec une femme sensuelle.
Délicatement, je te dépose un doux baiser
sur tes lèvres purpurines.
Je te dessine mon amour sur ta poitrine,
Par la simple gravure du mot « je t'aime ».

L'AMOUR INFINI

*Aujourd'hui, un espoir est né
Celui d'un amour que j'espérais.
En effet, cette jolie demoiselle aux courbes longilignes me tutoyait d'un regard désiré,
Celui d'une femme déterminée,
Celui d'un désir palpable,
Qui m'est admirable,
Quand nos corps se confondent.*

*Son sourire berce mon cœur quand je la regarde.
Ses yeux brillent dans les miens.
Tant de gentillesse, tant de douceur émanent de sa personne,
Que mon cœur s'adonne
Corps et âme, à cette fille que j'ai définitivement toujours espérée*

Un instant, un seul regard suffit et c'est un coup de foudre assuré.
Sa présence m'obsède, m'apaise et me devine.
Ses mains si délicates s'entrelacent avec les miennes.
Je ne pense plus à rien si ce n'est son cœur battre contre le mien.
Ses lèvres suaves ne demandent qu'à être embrassés.
Lentement, je lui dépose un doux baiser,
Comme un pétale de roses délicatement arrosés.

Symboliquement, c'est l'union parfaite.
L'amour dont j'attendais toute ma vie,
Un repère,
Un diamant brut que j'envie.
Aujourd'hui, encore lorsque sa présence m'est loin de moi, mon cœur est en perdition.

*Pas une seconde, son cœur s'éloigne de mes
pensées avec attention.
Son amour est ma raison de vivre.
Sans elle, je n'ai aucune raison de rêver.
Aucune raison de partager,
Car ma vie n'aurait plus aucun sens.*

*Toi mon amour idéal,
Celui de mon vaste régal.
Tu seras celle qui guidera mes pas,
Jusqu'à l'infini des temps,
Puisque l'infini multiplié par l'infini
Est mon cœur délicatement rempli d'amour
jusqu'à la galaxie.............*

JE CONTINUE DE CROIRE

Lorsque je te regarde au plus profond de tes yeux
L'émotion s'installe jusque dans les cieux
À tel point, mon cœur chavire
Sous la douce résonance de ta voix
Je sais que cela semble fou, mais j'ai de nouvelle foi
En l'amour après tout ce temps.

Je pensais que je ne ressentirais plus ce sentiment amoureux.
Le temps n'efface rien.
Et pourtant aujourd'hui, je suis heureux
Tout a changé tel un magicien
Déployant sa baguette magique
De manière énergique.

Je continue de croire qu'un jour toi et moi,
Nous tomberons amoureux
L'un de l'autre,
Je fais le rêve qu'un jour toi et moi
Nous serons ensemble à flâner dans Paris.
À ce moment-là, j'aurais réussi le pari

De te faire vibrer, de te faire rêver,
Et tout simplement t'aimer, jusqu'à ce que
mon cœur se mette à brûler
De cet amour naissant
Qui m'en sera passionnant.
Je me remplis de toute la joie,
Que je peux me procurer.
Si tu savais à quel point, mon amour serait
intersidéral.
Cette étincelle m'apporte l'espoir d'obtenir
une seconde chance,
Telle une constellation australe

*Me dessinant une renaissance.
Je continue de croire que nous pouvons être ensemble,
Si nous croyons que le véritable amour n'a pas de fin misérable.
Alors, nous devons savoir que, nous continuerons de nous aimer pour toujours
Jusqu'à la fin de nos jours........*

L'AMOUR EN SILENCE

L'amour que je ressens pour toi est une providence
Grandissant chaque instant.
Lorsque je te vois, tu es le plus bel écrin de mon cœur,
Celui qui me comble de bonheur
Chaque jour, chaque fois, quand tu es près de moi.
Mon cœur se baigne dans le tien.
L' amour en silence,
Celui qui se rêve et s'accompagne sur le chemin de l'évidence,
Sous le rythme de quelques pas de danse.

Aujourd'hui, j'ai tiré la carte de la romance,
Celle qui efface l'ombre de ma souffrance.

*Tu es mon étoile, celle qui m'illumine avec abondance,
Chaque jour, chaque instant, lorsque je te regarde.
Ton sourire est ma renaissance.
Ta voix, ma résonance.
Tu es simplement la surbrillance,
De mon cœur, celle qui chaque instant est ma réjouissance.*

*L'amour en silence,
Celui dont l'on espère,
Celui qui recommence,
Sous la beauté de la fontaine de jouvence.
Aujourd'hui, j'ai tiré la carte de la naissance
Celle symbolisant cette histoire de confiance
Ton amour est mon soleil brillant de complaisance.
Ta beauté est ma délivrance.*

Chaque jour, chaque fois, lorsque je pense à toi,
Mon sourire s'illumine de bienveillance.
L'amour en silence,
Celui qui me dicte la voie
Ne demande qu'à vivre et rêver avec toi chaque moment,
Car toi et moi, c'est l'amour incandescence.

Aujourd'hui, j'ai tiré la carte de la délivrance,
Celle qui dévoile mes sentiments avec effervescence.
Ton amour est ma raison d'être, ma croissance,
D'un amour inconditionnel à tes côtés,
Tu es la flamme de mon espérance,
Celle qui ne peut s'éteindre,
Tu es ma dépendance.

L'amour en silence,
Celui qui s'écrit chaque jour, au plus profond de moi
Est le berceau de ma vie d'enfance,
Celui qui t'aime avec insistance.

UN AMOUR ESPÉRÉ

*Tu es celle que j'ai toujours espérée.
Tu es celle dont j'ai toujours rêvé.
La première fois que nous nous sommes rencontrés,
J'ai succombé à ton charme sans broncher.
Mon cœur s'est illuminé,
Comme un soleil éclairé.*

*Mes yeux se mirent à briller.
Lorsque tu t'es approché,
J'ai senti ta douceur m'envoûter.
Ta beauté n'a pu me résister,
Tout cela me faisait rêver.
Maintenant que l'on s'est marié,*

*Je peux te dire que tu seras ma femme pour
l'éternité.
Celle avec qui je veux aimer, partager,
voyager, fonder une famille,
Toutes les choses qui me faisaient
chavirer !!!!!!
En somme, un voyage aux pays de la fidélité,
Ou mon amour pour toi me sera émerveillé
De manière tranquille.*

L' INSOMNIE ET L'AMOUR

Près de moi, j'observe ma belle au bois dormante.
Son visage lumineux embrase tout mon être,
Son regard me tue.
Tel est ce privilège qui m'est dû.
Sa senteur m'hypnotise,
Ses pulsations régulières me hantent.
Toi l'amour de ma vie, je suis heureux d'être à tes côtés.
Malgré mes nuits d'insomnie, je ne me lasse jamais d'admirer,
Cette beauté qui s'illumine à côté de moi,
D'observer cette silhouette endormie,
Qui m'anime sans relâche,

Je poursuis donc dans cette pénombre, les formes de ton corps me tutoyant du regard.

Je m'imagine bien des choses, dans un long corps-à-corps,
Qui s'offre à moi et mettant ainsi toutes mes capacités en éveil.
Enlacé sous la couette avec toute cette tendresse qui m'est chère,
Je rêve d'un amour sans partage pour ne former qu'un cœur voluptueux.

Cette gaieté m'atteint par ce rire éclatant à tout-va égayant ainsi cette sensation de désir profond
En entendant ta voix, cela me fait chavirer le cœur.
Dors ! Mon amour, je veille avec douceur et volupté sur cette âme pure qui t'abrite.
Toujours en éveil, j'admire avec délicatesse cette beauté qui te parsème,
Dors ! Mon amour, je veille sur toi ou plutôt sur nous.

LE CHEMIN DE L'AMOUR

Toi qui es devenu l'amour de ma vie
Que j'ai conquis avec tant d'envie.
Je peux t'avouer aujourd'hui, que
Tu es au cœur de mes pensées.
Jamais, il ne se passe une heure sans que je pense à toi.
Ton cœur est mon chocolat à moi.
Je ne peux me passer de ta présence, tant ce plaisir charnel me dévore,
À tel point que mes yeux se sont illuminés,
Lorsque nos deux corps se sont mis en accord.

À présent que, j'ai accepté de t'ouvrir mon cœur, ce fameux soir de juillet,
Ou tu me faisais tant rêver.

Aujourd'hui, j'attends simplement le don de ton cœur, sans crainte, ni peur,
Juste simplement m'effacer tous ses pleurs,
Qui m'abritent et me rongent de l'intérieur.
L'espoir renaît depuis ma beauté extérieure.

J'ai retrouvé ma plume qui s'était perdue,
Grâce à ta présence qui m'envoûte.
J'ai commencé peu à peu à comprendre,
Ce que j'ai trop longtemps refusé d'entendre.
Je voyageais entre les lignes par un chemin qui me semblait aventuré,
Mais j'ai compris que dans la vie plusieurs routes
Me guideraient sur la voie du bonheur, bien que cela me soit inconnu.
Je n'avais aucun doute.

Passionnément, j'ai quand même poursuivi ce chemin,
Ou j'ai eu l'immense privilège de conquérir
Ce cœur en or massif,
Que j'avais tant désiré,
Dans mes rêves les plus fous.
Et cela en valait vraiment le coup.
Soudain, éblouie par ce cœur
Qui m'était encore lointain.
J'y ai découvert une petite merveille,
Qui allait changer ma vision de l'amour.

Alors, je me suis laissé guider, emporter,
Dans ce voyage intergalactique,
Ou j'ai décroché ton amour qui m'avait tant subjuguée.
Un amour authentique, sincère, magique.
Depuis cette rencontre, ma vie a changé.
Mon cœur s'est comblé,
Par tout cet amour que tu m'as offert,
Et qui m'est devenu si cher.

*Aujourd'hui, tu es l'amour de ma vie,
Mon étoile, celle qui scintille chaque jour,
La douceur de mon cœur, qui me durera pour toujours,
Par un simple signe remarqué,
Qui généreusement me fait tant t'aimer.
Aujourd'hui, cette étoile est magnifique et me remplit de bonheur,
Par le biais de cet esprit
Qui désormais, ne s'effacera plus.*

*Ce jour me sera inoubliable, mon cœur s'est totalement métamorphosé.
J'ai grandi et je me suis totalement abandonné,
À cet amour qui m'était ouvert, j'ai donc décroché cette étoile qui m'était offerte
Sur le chemin de l'amour, le temps s'est arrêté.
C'est mon cœur qui s'est enflammé.*

Depuis que nous nous sommes rencontrés,
Nos corps se sont enlacés.
Depuis ce jour, nous nous sommes plus quittés,
Pas un jour ne se passe,
Sans que je ne repense,
À ces heures intenses
Que nous avons partagé.
Un amour, une vie,
Une passion, une envie,
Que j'avais tant imaginé,
Sur le chemin de l'amour.

Je continuerais de t'aimer et te chérir
Jusqu'à ce que la mort nous sépare.
Dans tes bras, je suis si heureux,
Que je ferais des envieux.
Toi ma colombe, mon idéal;
La prunelle de mes yeux,
Je me donnerais corps et âme pour t'émouvoir.

*Tous ces moments où nous serons réunis
Me seront gravés à jamais dans les cieux.*

*Aujourd'hui, je vis au jour le jour
Car on ne sait, ce que demain nous réserve
Sans trop me projeter dans l'avenir.
Je profite de l'instant présent et de ce plaisir
D'aimer et de se sentir apprécier,
Par ma déesse adorée.
Un amour fou, un amour à la vie,
Un amour infini,
T'aimer, te garder, te retenir est mon but
ultime, puisque ta présence m'est vitale,
Aujourd'hui plus rien n'est banal.*

*Le fait de t'avoir rencontré m'a donné un
nouveau sens à la vie.
Nos cœurs et nos corps à l'unisson
Scintillant dans le chemin de l'amour,
M'ont totalement transfiguré.*

*Toi mon amour, tu m'es présente
Aujourd'hui et cela est un cadeau au quotidien,
Car la vie nous a réunis par un destin imaginé.
Maintenant, tu es la seule qui me fasse briller
Sur le chemin de l'amour,
Où je t'ai rencontré.
Je t'ai ainsi déclaré ma flamme pour toujours.*

UN JOUR, ON SE RETROUVERA

*Maman, octobre restera le mois des ténèbres
à mes yeux.
Depuis que tu es parti,
Mon cœur est toujours meurtri.
Octobre, mois de l'enfer
Jamais, je ne pourrais oublier,
Le jour où tu as fermé tes yeux à jamais.
Un jour, on se retrouvera
De nouveau, dans le monde du paradis
Des anges, celui de la seconde vie
Et nous serons de nouveau ensemble
Au pays qui nous ressemble.
Maman, tu resteras la plus belle femme de
ma vie,
Celle qui a guidé mes premiers pas
Dans ce monde si cruel
Car oui, les meilleures personnes nous
quittent toujours très tôt.*

Assurément, tu resteras l'étoile de ma vie,
Celle qui illuminait mes rêves d'enfant
Mentor et modèle, tu étais celle à qui je voulais le plus ressembler
Tant par ces valeurs que tu m'avais apprises, que ta gentillesse
Et l'amour que tu avais pour moi et tous ceux que tu aimais et qui t'aimait.

Aujourd'hui, tu es mon plus beau combat de la vie
J'ai appris dans la souffrance, qu'il fallait être fort,
Courageux, déterminé pour vaincre les démons de la vie
Simplement, j'espère que tu es fier de l'homme que je suis devenu.
Fier du petit garçon, que j'étais autrefois
Fier du fils, digne de toi
Toutes ces questions, je me les suis posé un milliard de fois.

Depuis que tu nous as quittées,
Brutalement un après-midi d'octobre.
Un jour, on se retrouvera
Et j'aurais ces réponses.
Octobre restera la souffrance de ma vie,
Celle qui m'a privé d'un amour maternel,
Celle qui a brisé ma jeunesse éternelle,
Celle qui a brisé mes rêves les plus fous,
Celle qui me fait vivre encore des malheurs.
Aujourd'hui, encore si je suis là, c'est grâce à cette force que tu me transmets
Chaque moment quand je suis au plus mal.
J'ai voulu renoncer plus d'une fois dans les moments difficiles.
Mais l'instinct d'une maman ne nous quitte jamais,
Tu es mon ange gardien,
Celle qui veut à tout prix me sauver des ténèbres,
Celle qui m'a protégé à plusieurs reprises.
Car oui, je suis un miraculé
De la vie, un combattant de la première heure

Depuis ma naissance, j'ai traversé des heures sombres qui me rappellent toujours en alerte
Que la vie se joue sur un fil, des détails et que tout peut basculer cruellement.
Parfois, je me dis que l'espérance est un combat perdu d'avance,
Ce temps qui t'est compté est une maladie dont l'attente est une mort lente.
Sans doute un moyen d'abréger toute cette souffrance accumulée et qui ne me quitte jamais.
Parfois, j'aimerais que tout s'arrête et que cette souffrance s'envole,
Telle une colombe en plein vol.
Sache, que tu resteras la leçon de ma vie.
Jamais, je ne pourrais t'oublier.
Tu vivras toujours en moi.
Ma vie est ton histoire,
Jusqu'au jour où l'on se retrouvera.
Je t'aime et je t'aimerai toujours ma maman chérie.

DÉCHÉANCE

Aujourd'hui, c'est un espoir qui s'est éteint,
Un combat perdu d'avance qui m'atteint
Chaque jour, ma peine devient immensément grande
Une vie terrassée, une vie agonie
Chaque pensée comme enseigne arithmétique
Devant ce chemin sinistre qui m'habite
En plein cœur, jusqu'à ce dernier soupir
Comme emblème qui m'aspire

En effet, la faucheuse m'a emporté,
Jusqu'au tombeau éternel.
Aujourd'hui, mes pensées ne sont qu'illusions,
Sous la vague de mon âme en perdition
Aujourd'hui que me reste-t-il ?
Un esprit somnolent au paradis éternel !!!

*Là où finalement toute vie n'est
qu'immortelle !!!
Pourquoi espérer des choses
Qui ne sont que des conséquences
De la bienséance !!!!*

*Aujourd'hui, je tombe le masque
Afin de rendre les armes.
Aucune raison de croire que tout sera meilleure
Quand ta vie est remplie de malheur.
Chaque jour n'est que souffrance.
Une totale déchéance,
La solitude au rythme
Des flammes se consumant à petit feu.
Mon esprit berçant le tutoiement de l'éternité
Est une sentence irrévocable et dramatique
Afin de retrouver une paix intérieure.
En effet mon cœur aride comme la pierre,
Sachez qu'il en a trop souffert
Dans cette vie antérieure.*

UNE ÉTOILE DANS LE CIEL

Un jour d'été
Nos chemins se sont croisés.
Une belle histoire était née.
Celle d'une amitié partagée,
Ou l'on visait les étoiles
Sur le boulevard de Los Angeles.
Chaque instant était un rêve éveillé
À tes côtés, tu étais la joie de vie incarnée.

Après toutes ces années,
Ce rêve m'est toujours présent en express.
Depuis que tu es parti
Au ciel du paradis,
Une étoile scintille un peu plus chaque jour,
Afin de signifier ta présence pour toujours.
Toi mon ami, mon confident, mon frère de cœur,

Tu me manques tellement, si tu savais qu'en ce jour, je pleure
À chaudes larmes
Cette amitié émerveillée
Qui s'est éteinte un jour de juillet.
Malgré tout, je sais que cette connexion que l'on avait restera unique
Et ne s'effacera jamais et sera désormais un voyage intergalactique.

Je ne te l'ai jamais dit
Mais je te dis « MERCI »
Car toi tu le savais, si bien je n'aime pas dévoiler mes sentiments
Même les plus aimants.
Merci mon ami, pour tous ces moments partagés à mes côtés.
Merci mon confident, pour cette amitié que tu m'avais offerte.
Merci mon frère de coeur, pour tout cet amour que tu me témoignais.

Merci mon étoile, d'avoir simplement été dans ma vie.
Merci d'être le seul et unique ami, que tu étais.
Merci mon ami, d'être présent par la pensée.
Car un jour, on se retrouvera
Tous les deux et nous formerons à nouveau une constellation d'un amour infini
Et les chants des colombes en chœur
Seront le symbole retrouvé mon frère de cœur.

Je retiens tout de ce temps passé ensemble
Ou l'on rêvait du monde, qui nous ressemblait
Même si l'on ignorait, ce que la vie nous réserverait
On profitait de l'instant présent comme s'il était le dernier.
Toi mon ami, mon confident, mon frère de coeur, mon étoile, tu resteras mon plus beau voyage………

L'AMOUR DE MA VIE

Toi mon amour, mon idéal,
Je sais que notre histoire féale,
Nous ouvrira les portes du bonheur,
Cela mettra un point d'honneur,
À ma vie antérieure,
Celle qui m'a tant fait souffrir de l'intérieur.
Aujourd'hui, tu es mon véritable rayon de soleil,
Celle avec qui je veux vivre et partager mon cœur enflammé,
Par la douce intimité de ta tendresse qui m'émerveille.

Lumière de ma vie, ce sont mes yeux qui s'illuminent,
Devant cette étoile qui me fascine,

Me tenant comme décor,
Avec cette sensation de tutoyer le ciel corps à corps.
Cette lueur d'espoir m'apaise,
Et me devine, réveillant mes désirs les plus langoureux.
À tel point que je suis l'homme le plus heureux.
Cette complicité est le feu de notre union,
Celui de la consécration,

D'un amour plus fort que tout,
Abritant mes sentiments, les plus doux
À ton égard, tel un arc-en-ciel tout en couleurs,
Dessinant chaque contour de mon cœur
À tel point, notre amour me donne des ailes
Celui qui me rend si fidèle.

Mon amour, mon cœur, je me sens libéré de toutes ses chaînes qui me retenaient avec attention.
Aujourd'hui, c'est grâce à toute cette affection
Que tu m'apportes, que chaque instant m'est magique,
Que notre histoire est si romantique.
Aujourd'hui, je peux dire que tu es la femme de ma vie,
Celle avec qui je veux partager le restant de ma vie.
Mon cœur s'est rempli de tendresse,
Pour que jamais notre histoire ne cesse.

MA PRINCESSE

Aujourd'hui, c'est un renouveau qui s'offre à moi.
C'est le début d'une longue et belle histoire.
Mon amour pour toi est un cadeau du ciel.
Jamais, je n'aurais imaginé vivre de nouveau cette passion amoureuse.
Ma princesse, je ne veux que te rendre heureuse
Et effacer cette peine qui t'abrite, comme toi tu effaces la mienne un peu plus chaque jour.
Ma princesse, tu es la plus belle à mes yeux,
Tant par cette beauté qui t'habite,
Que cette douceur et tendresse qui te caractérise.
Peu importe, les différences que l'on peut avoir,

Il y a cet amour que je ressens pour toi qui me donne espoir.
Sache que, tu es la plus belle personne que j'ai rencontrée ces dernières années.
Ton cœur si pur se baigne dans le mien.
Aujourd'hui, mon cœur devient le tien.

Chaque instant, tu inondes mes pensées les plus profondes.
Chaque instant, mon cœur est rempli d'ondes
Positives qui me guident pas à pas.
Chaque instant, je m'imagine à tes côtés.
Chaque instant, je m'imagine dans tes bras.
Chaque instant, je m'imagine te tenir la main.
Chaque instant, je rêverai d'un amour demain.
Chaque instant, je m'imagine t'embrasser.
Chaque instant, je m'imagine te câliner.
Chaque instant, je m'imagine te caresser.

*Chaque instant, je rêve de ces petites étreintes qui nous mettent en émoi,
Et nous procurons un instant de roi.*

*Toi, ma princesse, je ne peux que t'aimer.
Je suis moi, tu es toi,
Ce que nous sommes l'un pour l'autre,
Nous le vivrons chaque jour.
Un amour se construit petit à petit et reste gravé à jamais dans le cœur.
Chaque moment, je ne peux m'empêcher d'être loin de toi.
Mon cœur saigne quand tu es loin de moi.
Alors, je repense à ces jolis moments que l'on a partagés tous les deux.
J'entends de nouveau cette jolie voix tout en douceur,
Qui me réconforte de bonheur.*

*Lorsque je t'aperçois, un délicieux moment
S'ouvre à moi traversant le fil du temps.
Je rêve, j'écris et je vis cette histoire
D'amour, chaque soir.
Mon désir est palpable,
Ta tendresse est inéluctable.*

*Je t'imagine en visuel,
Dans une lingerie couleur rouge carmin
pour un instant passionnel.
Un simple câlin de manière désiré,
Un instant magique vécu à l'accoutumée,
Un simple regard suffit,
Pour me faire fantasmer.
Toi, ma princesse, tu me fais rêver,
Et chaque jour, je dessine les contours avec envie.*

*Un instant subtil m'émerveille.
Lorsque tu joues avec tes cheveux*

*Cela me procure de l'effet
Avec délicatesse, qui développe mon désir en éveil
Par tes courbes lumineuses,
Cette tentation est fastidieuse.
Ma princesse, tu es mon soleil le jour,
Tu es mon étoile brillante la nuit,
Chaque instant à tes côtés est une bénédiction
Qui me donne pleinement satisfaction.*

*Mon cœur est en totale harmonie,
Quand tu es près de moi, c'est ce qui me tient en vie.
Ma beauté, ma colombe, ma reine des neiges, ma princesse je t'aime et cet amour pour toi ne cessera jamais,
Car il m'accompagne chaque jour.
Continue à vivre et je serais heureux pour toi, car mon amour pour toi me sera présent pour toujours.*

UNE BALADE AMOUREUSE

*Hier, je me baladais seul sur les quais de
Seine à Paris admirant la Tour Eiffel sous ce
ciel étoilé.
Une véritable splendeur idéalisée.
Mon cœur s' illuminait devant cette beauté,
Qui me retenait avec tant d'attentions.
J'écoutais le ruissellement de La Seine,
Sous la vague douceur de ma satisfaction.
Soudain, une légère silhouette m'apparut
dans la pénombre du pont des arts.
Comme un symbole, il s'agit du pont des
amoureux.
Une rencontre merveilleuse allait se
produire,
Sans que je me doute un instant que cela
bouleversât ma vie.
J'allais devenir le plus heureux
Des hommes, un soir de juillet.*

*Mon rêve amoureux devenait enfin réalité,
Tout comme cette demoiselle
Qui n'en était que plus belle.
Celle-ci me charmait du regard, lorsqu'elle me faisait les yeux doux,
De cette couleur bleue ciel m'hypnotisant
Puisque l'amour m'était de nouveau accessible,
Mon rêve était une liberté perfectible.
Lorsqu'elle s'est approchée, une douceur émanait de son regard,
Sa tendresse m'apaisait,
Sa beauté me transperçait le cœur,
Mon cœur était rempli de bonheur.*

*Ce soir-là, je me demandais vraiment ce qu'il m'arrivait
Était-ce un rêve ? Était-ce la réalité ?
L'amour me fuyait depuis tant d'années.
J'entendais souvent le même refrain jusqu'à présent.*

« Tu sais Christopher, je t'aime bien, tu es très gentil, mais voilà tu ....»
Vous savez le fameux « mais » qui l'espace d'un instant brise tous les espoirs que vous aviez.
Là, tout était différent, Alexandra me donnait ce que je n'avais jamais eu « De L'AMOUR »
Celui dont j'avais toujours rêvé,
Celui dont je ne demandais qu'a donner
Car oui, j'en ai beaucoup à revendre
Elle me donnait surtout de l'importance,
De la confiance, de la prestance.
Je me sentais appréciable, beau.
Elle avait simplement ouvert la clé de mon cœur.

Je suis tombé sous le charme d'Alexandra. Blonde, aux yeux bleu ciel, loin de mon idéal féminin, elle représentait l'espérance, les mots de la tendresse.

*Je suis touché par tant d'affections
À mon égard, elle effaçait toute cette peur que je possédais.
Jamais, je ne pourrais oublier ce regard amoureux,
Qui ne ferait que des envieux.
Bravo ma princesse, tu as gagné,
Mon cœur, mon estime et l'amour que je ressens pour toi.
Ce soir-là, je peux dire que j'ai décroché la lune.
Lorsque nous nous sommes enlacés,
L'alchimie était présente.
Délicatement, un simple baiser se dépose sur mes lèvres,
Me signifiant que ce n'était pas un rêve,
Mais une réalité qui se rêve.
Une balade nocturne à Paris,
Qui devenait une histoire d'amour en esprit.
Afin de poursuivre le chemin,
Nous nous sommes pris la main pour poursuivre la balade romantique de demain !!!*

CONFIDENCE POUR CONFIDENCE

*Aujourd'hui, c'est une véritable renaissance.
Voilà maintenant 3 ans que cette date du 13 mai 2017 a bouleversé ma vie.
Aujourd'hui, plus rien n'est comme avant.
Quand on frôle la mort, on voit la vie autrement.
Je profite de chaque jour de chaque moment qui m'est donné, car le temps est vraiment précieux.
Cela fait un an, que j'essaye de reprendre le contrôle de ma vie.
Une année où j'essaye de redonner un sens à celle-ci.
Bien que cela ne soit pas évident lorsque l'on est seul.
C'est dans le combat, la détermination, la volonté que l'on trouve la force nécessaire de s'ouvrir un nouveau chemin.*

Aujourd'hui, je garde espoir que demain sera meilleur,
Et pourtant, quand je fais le constat de ma vie, elle n'est remplie que de souffrance,
Le décès de ma maman à mes quinze ans,
L'amour qui me fuit depuis dix ans,
La maladie que je combats depuis trois ans.
Bref, de la souffrance en permanence
À laquelle s'ajoute la solitude comme emblème.
Parfois, je me dis que la mort aurait été une solution à mes problèmes !!!
Pourquoi vivre qu'en tant de chagrins nous abritent ?
Pourquoi vivre lorsque l'on est malheureux ?
La dernière fois ou j'ai vraiment été heureux, c'était pendant l'adolescence.
Lorsque, ma maman m'avait pris dans ses bras.
Parfois, je me dis que ce malheur qui m'habite, c'est le destin de ma vie.

Parfois, je me dis qu'être seul, c'est la signature de ma vie pour l'avenir.
Quand, je fais le bilan de cela, je me demande encore comment j'ai pu survivre à toutes ces tristesses.
C'est sans doute, le fait que d'avoir des rêves en tête m'a permis de rester en vie.
Même si chaque jour celle-ci est en sursis.
L'espérance d'une vie meilleure est sans nul doute une force inéluctable.
La poésie a été une thérapie dans ma vie.
En réalité, c'est ça le véritable amour de ma vie.
Aujourd'hui, j'essaye de prendre un peu plus soin de moi.
J'ai souvent été présent pour les autres que je me suis négligé.
La résultante de cela, c'est que personne n'a été présent pour moi.
Aujourd'hui, j'essaye de revivre, d'admirer ce bien-être comme la faune et la flore.
Ces paysages qui réconfortent,

Quand tout va mal.
Aujourd'hui, je ne cherche même plus à comprendre le pourquoi du comment, car ceux qui nous entourent sont toxiques à notre vie.
Il y aura toujours une jalousie vis-à-vis de vous.
Alors qu'en réalité, si l'on se donne les moyens de réussir, aucune raison d'envier les autres.
Je rêve, j'écris, je voyage.
Je n'ai qu'une chose à vous dire, prenez soin de vous,
Profitez de l'instant présent,
Savourez ce bien-être qui vous sourit
Car il peut être éphémère........

LETTRE À MAMAN

Tu étais ma maman,
Tu étais mon soleil,
Celle qui a guidé mes pas d'enfant,
Sur le chemin de la vie.
Tu étais mon repère,
Ou ton amour m'était si cher,
Tu étais ma merveille,
Celle à qui je pense lors de mes prières.
Toi, ma maman que j'aime toujours autant
cela traversera l'infini des temps,
Jusqu'à ce jour où l'on se retrouvera au
paradis éternel,
Afin de célébrer nos retrouvailles
maternelles.
Ta voix me manque tellement.
Ton sourire me manque immensément.
Ton regard me manque grandement.
Ton amour me manque intensément.

La vie est si dure sans toi.
Et malheureusement, tu ne m'as pas laissé ce choix.
Depuis tout ce temps, j'ai appris et compris cette force de se battre dans la vie,
Et surtout combattre avec envie,
Afin de franchir ses obstacles,
Tel l'avènement d'un miracle.
Aujourd'hui, je vis dans l'ombre de ma jeunesse,
Mais toujours avec cette même promesse.
Tu m'as appris la force, mais surtout le courage de vaincre,
Pour avancer,
Et surtout ne jamais rien lâcher,
La mort nous a séparés,
Mais mon amour pour toi ne pourra jamais te remplacer,
Jamais s'effacer.
Tu vivras toujours en moi.

Tu étais ma maman, mon mentor, mon modèle.
Celle qui me donnait des ailes.
Aujourd'hui encore, quand j'y repense, je n'ai pas toujours su apprécier tous ces moments élogieux.
C'est lorsque tu es partie que j'ai compris que chaque instant était très précieux.
Aujourd'hui, ta mémoire demeure en moi,
Ton amour m'abrite chaque jour.
Toi ma maman, je t'aimerais pour toujours !!!!

UN AMOUR PARTAGÉ

Aujourd'hui, nous célébrons la fête des amoureux
Chaque jour, je suis le plus heureux
Des hommes, mon amour pour toi est incontrôlé.
Tant de sentiments se bousculent envers toi, mon cœur est enflammé,

Devant cette passion amoureuse,
Qui me dévore.
Je me donne de façon moelleuse,
Laissant mon être s'envoler doucement,

Dans le tourbillon de l'amour,
Que je convoite de jour en jour.

N'aie pas peur de m'avouer,
Ce que tu ressens à mon égard,
De t'exprimer à travers ton regard.

Je veux simplement que tu te livres à moi ma bien-aimée.
Le partage est la principale clé de l'amour.
Chaque secret se dévoile jour après jour…
L'amour est un partage des cœurs qui n'en forme plus qu'un, une fois l'amour suprême déclaré.

Bonheur, tristesse, joie, malheur, souffrance, rêve sont les aléas de la vie.
Ceux qui attisent mes envies.
Cependant, il n'est jamais tard pour se soulager.
La peur de pleurer n'existe plus.

*Je veux simplement que tu te livres à moi,
Par le cœur, par les yeux, par écrit, par la pensée,
Par la douceur de ta voix,
Celle qui me met chaque fois en émoi,
Dès que je croise ce magnifique visage,
Qui me rend encore plus sage.*

*Lorsque je t'aperçois, c'est tout mon corps qui est envoûté,
Devant ce charme qui me faisait tant fantasmer.
Aujourd'hui, tu es un don du ciel.
Celle avec qui je veux vivre et partager le reste de ma vie......*

PARTIR UN JOUR AVEC TOI

Partir un jour avec toi, serait un voyage aux pays des rêves.
Enivrante par ta douceur sans pareille, celle-ci illumine mon cœur
Grandissant d'amour à ton égard, par ton charme qui m'achève.
Généreuse, élégante, sensuelle et raffinée, tu illumines la vie.
Y a-t-il une chance que celle-ci brûle mon envie désirée ?
Ta beauté rayonne de plaisir exaltant,
Ton sourire illumine ma vie
Languissante, qui manifeste une mélancolie
Harmonieuse, car tu vois la vie en rose.
Admirablement, ton charme adoucit mon cœur.

Y a-t-il un bien plus précieux qu'un sentiment émanant, de bonheur ?

Ce qui est sûr ton simple regard suffit pour me rendre heureux.
Rien que cela te rend spécial à mon égard et ferait des envieux,
Ton cœur est un trésor à préserver et à sublimer dans le temps,
Celui-ci est précieux et voyage dans des contrées lointaines afin de vivre des moments féeriques.
Symboliquement, cela te rend si unique.
Partir un jour avec toi serait le plus merveilleux voyage de ma vie,
Celui que je désire avec tellement d'envie............

UN AMOUR CONFINÉ

Aujourd'hui, j'ai décidé de me livrer à toi
Mon amour, celle qui est si chère à ma vie.
En ce moment, tu es loin de moi,
Ce virus nous sépare à des milliers de
kilomètres à cause du confinement.
Tu me manques terriblement.
Cette absence me tue, par ces simples
battements
De mon cœur, quand je pense à toi
Chaque instant, tu inondes mes pensées
Et me rappelles cette souffrance d'être si loin
de toi.

Sache mon amour que je t'aime si fort
Malgré cette distance qui nous sépare,
Tu es la femme de ma vie

Celle qui décuple mes désirs et mes envies
Cette absence me fait prendre conscience
Pendant ce confinement
Que seul, loin de toi, je ne suis rien.
Tu es tout pour moi, mon amour,
Mon repère, mon émeraude, ma vie.
Simplement être à tes côtés est une
formidable raison d'être heureux

Je ne te l'ai jamais dit, mais tu es la femme
de ma vie, celle que j'avais toujours espérée,
La femme dont j'ai toujours rêvé,
Dans mes rêves les plus fous.
Te rencontrer a été un renouveau pour moi,
Tu m'as redonné goût à la vie, une raison
d'être heureux,
Et rien que pour cela, je te remercie par
l'amour que j'éprouve pour toi.

Être si loin de toi est un déchirement,
Ton sourire me manque cruellement,
Tes lèvres me brûlent d'impatience,
Ton odeur me rappelle cette absence,
Mais lorsque l'on se retrouvera

Notre amour en ressortira mille fois plus grand.
Aussi grand même plus encore que ces distances nous séparant.
Toi mon amour, je t'aime si fort
Encore plus qu'au premier jour de notre rencontre.
Je n'ai qu'une hâte, c'est de te revoir
À mon plus grand espoir,
Celui de te câliner, t'embrasser, te protéger, t'aimer.

Tu es mon plus bel amour,
Et cela restera gravé pour toujours.
Ton coeur est le plus bel écrin auquel le mien s'est donné
Un jour, une heure, une minute, une seconde, ne se passe pas sans que je ne pense à toi.
Tu berces mes pensées
Par l'amour de ta douceur,

Telle une colombe embrassant cette légèreté du vent.
Toi mon amour, tu es l'étoile de ma vie.
Tu es mon firmament.
Je t'aimerais jusqu'à ce que la mort nous sépare.
Car toi et moi , c'est un amour infini..........

COEUR EN PERDITION

Aujourd'hui, mon cœur en perdition
Se dirige lentement vers des contrées lointaines,
Afin d'y effacer tous les maux
Accumulés depuis quelque temps.
Celui-ci ne demande qu'à s'envoler dans le vent
Afin de rejoindre le paradis éternel
Pour y retrouver une paix intérieure.
Chaque jour est un réel supplice
Devant cette solitude comme ultime sacrifice.
Fatigué, celui-ci ne demande qu'à cesser
De battre, afin de se libérer de cette vie antérieure
Vécue à l'accoutumée.
Aujourd'hui, mon cœur en perdition
Ne ressent que des larmes

Sur ma joue, celle-ci me rappelle cette histoire du passé
Où je passais mon temps à t'apprécier.
Maintenant, plus besoin de toi,
Plus besoin de cet amour que j'ai banni
De ma tour de contrôle, car je serais mieux sans toi.
Aujourd'hui, je rends les armes.
Aucune raison de croire que tout sera meilleur.
Chaque jour, une réelle souffrance me pèse,
Me dévore,
Un cœur en totale désillusion,
Par un destin tragique
Ne demandant qu'à cesser et s'envoler vers l'éternité,
Afin de ne plus souffrir de cette sensation déchirante.
Un seul mot est à retrouver celui de la paix
Sous l'écriture de ma plume qui s'éteigne…….

RÉVÉLATION

Parfois, il y a des choses que l'on aimerait dire, des choses que l'on aimerait faire.
Mais voilà, on ne sait pas comment faire, ni trouver le commencement, les bons mots, les bons gestes et surtout le bon moment.
L'intention, c'est bien, mais la beauté du geste serait mieux.
Parfois, je me dis que c'est le destin qui décidera, mais je me dis que ce serait trop simple de s'arrêter sur cette idée, car aucune prise de risque, de conscience, mais surtout la sensation de peur, de la malchance, d'un mauvais karma qui s'installerait.
Oui, je le dis et j'en ai conscience, la peur m'envahit, parfois, je m'interdis certaines choses.
J'ai tellement eu de périodes difficiles, de sacrifices que je m'interdis de goûter au bonheur.

Vous allez me dire « mais pourquoi s'interdire de goûter au bonheur ? »

Je crois que le plus difficile, c'est de dire, d'avouer simplement tout ce que l'on ressent, l'écrire pour ma part n'a jamais été difficile, au contraire, il a souvent été libérateur, seulement, je n'ai jamais véritablement mis à contribution ce que je pouvais ressentir par peur tout simplement d'être rejeté, ne pas être aimé, par peur tout simplement de souffrir, d'avoir le cœur arraché, alors que oui peut-être qu'il n'en serait rien de cela et que de belles choses pourraient être vécues.
Simplement, vous l'aurez compris, il faut avoir de la confiance en soi, savoir se faire violence et ça, c'est la peur qui me guide, qui me dévalorise, car je ne crois pas réellement en mes capacités.

L'émotion est présente et s'installe de manière diffuse sur le corps, le moral, le cœur.
Je me pose un milliard de questions, c'est surtout mon côté rêveur qui prend le pas sur la réalité.
Aujourd'hui, je me livre À Cœur Ouvert, comme jamais je ne l'ai véritablement fait, parfois, il faut passer par ces moments pour prendre vraiment conscience de certaines choses, la réflexion, l'analyse de soi permet de se remettre en question et de trouver les réponses ou les évidences que l'on refusait de voir, car la peur était présente et ancrée au fond de moi.
C'est, quand les événements s'enchaînent que cela nous révèle ce que notre cœur peut ressentir. Ce contrôle, je ne l'avais plus totalement, car il était envahi de crainte, de peur qui mettait en avant cette faiblesse de moi que je ne voulais pas montrer vis-à-vis d'autres.

*Aujourd'hui, clairement, je survis plus que je ne vis, puisque je n'ai jamais vraiment profité des joies véritables que chacun d'entre nous peut ressentir.
La joie de vivre, la sérénité de jours meilleurs, voilà le chemin de vie que j'esquisse à la réalisation future, surmonter mes peurs, avoir une confiance en soi inébranlable, voilà la première arche d'une vie meilleure et cela passe par des actes. Chaque jour, j'essaye de relativiser et me dire que demain la lumière sera là, mais pour qu'elle brille, il faut se dévoiler corps et âme pour que celle - ci nous illumine.
Les émotions sont difficilement contrôlables, car il y a toujours un geste pour le signifier. Mais le silence de moi a été le cercle de ma vie, un engrenage qui avait pris goût au fond de moi.*

En somme, un tunnel sans véritable issue puisque ma liberté de pensée, de vie, d'agir et faire était emprisonné par cette peur.
Aujourd'hui, j'ai conscience qu'il faut dépasser ses limites pour espérer goûter au bonheur.
Surmonter ses peurs pour avancer et surtout croire en un but ultime pour retrouver cette lumière qui fait défaut.
L'espérance est le berceau de notre vie. À moi de suivre ce lâcher-prise afin de retrouver ce chemin de la vie.
Le courage est également un facteur non-négligeable dans cette quête.
Aujourd'hui, un nouveau chapitre doit s'écrire………

MA PEINE IMMENSE

Hier encore, je rêvais d'un monde meilleur
Celui qui effacerait ce malheur
Qui m'habitait depuis tout ce temps.
Hélas, il n'en est rien, il fut balayé comme
une rafale de vent.
Aujourd'hui, je m'aperçois qu'il n'est
qu'illusion
Au fond, rien ne change, toujours cet instant
superflu
Qui me guette et me tue
Par cette grande diffusion et représentation
qu'est le malheur.
Vous savez cette simple lumière qui s'éteint
en un claquement de doigt,
Qui est la dure loi
De ma vie

Ce mouvement perpétuel du combat de ma vie qui m'assassine et me détruit à petit feu.
Mes idéaux et envies sont partis en fumée dans cet atrium
Un soir de mai
Aujourd'hui, que me reste-t-il ?
Quel chemin me réserve-t-il ?
Tel un combat à l'opium
D' un mal à éradiquer quand même.
Rien n'est plus à espérer avec cet emblème
Me tenant comme enseigne
Mon cœur en perdition saigne
Devant tout ce mal qui me ronge
Même la douceur d'un archange
Ne me suffirait pas
Tant cette douleur est ancrée en moi.
Aujourd'hui très peu de choix
S'offre à moi, si ce n'est que cette plume se consume pas à pas,
Afin de mettre fin à ce combat perdu d'avance
Et effacer cette peine immense !!!!!

REFAIRE LE MONDE

J'aimerais refaire le monde pour qu'il soit meilleur
J'aimerais refaire le monde pour une meilleure vie
J'aimerais refaire le monde avec envie
J'aimerais refaire le monde pour ne plus avoir peur
J'aimerais refaire le monde pour avoir du bonheur
J'aimerais refaire le monde pour un peu plus de douceur
J'aimerais refaire le monde pour avoir plus d'humanité
J'aimerais refaire le monde pour avoir la paix
J'aimerais refaire le monde pour avoir de la sérénité

J'aimerais refaire le monde pour l'unifier
J'aimerais refaire le monde pour un instant partagé
J'aimerais refaire le monde pour la liberté
J'aimerais refaire le monde pour plus d'égalité
J'aimerais refaire le monde pour plus de fraternité
J'aimerais refaire le monde pour effacer ces préjugés
J'aimerais refaire le monde pour plus de respect
J'aimerais refaire le monde pour plus de bienveillance
J'aimerais refaire le monde pour plus de résilience
J'aimerais refaire le monde pour plus de tolérance
J'aimerais refaire le monde pour plus d'amour
J'aimerais refaire le monde chaque jour

J'aimerais refaire le monde d'un environnement sain
J'aimerais refaire le monde d'un blanc-seing
J'aimerais refaire le monde rempli d'une belle nature
J'aimerais refaire le monde pur
J'aimerais refaire le monde pour plus d'éducation
J'aimerais refaire le monde pour plus d'innovations
J'aimerais refaire le monde pour protéger le monde animal
J'aimerais refaire le monde pour effacer le mal
J'aimerais refaire le monde pour que celui-ci soit meilleur pour les générations futures
Rien ne serait plus beau qu'un monde merveilleux pour vivre heureux !!!!!

UN SIMPLE MERCI

Merci aux médecins, infirmièr.e.s, aide soignant.e.s, pharmacien.ne.s qui chaque jour œuvrent pour soigner et aider les malades
Merci à nos pompier.e.s, qui, chaque jour, risquent leur vie pour nous sauver
Merci à nos policier.e.s, gendarmes, agent de sûreté qui chaque jour nous protègent pour notre sécurité
Merci à nos ambulancier.e.s et urgentistes qui chaque jour apportent les premiers secours
Merci à nos militaires qui chaque jour défendent la France
Merci à nos enseignant.e.s de continuer à enseigner à distance.
Merci au service de nettoyage de nettoyer nos lieux de travail et nos rues

Merci à nos agriculteur.rice.s et producteur.rice.s de récolter nos fruits et légumes
Merci à nos boulanger.ère.s, pâtissier.ère.s de fournir pains et gâteaux
Merci à nos poissonnier.ère.s et boucher.ère.s qui nous nourrissent
Merci à nos employés libre-service et hôte.esse.s de caisse qui nous permettent de s'alimenter
Merci à nos livreur.euse.s et transporteurs de poursuivre les livraisons
Merci à nos facteur.rice.s de poursuivre leurs tournées
Merci à tout le personnel des centrales électriques, gaz, eaux, banques de poursuivre leur travail
Merci aux pompes funèbres de travailler durant cette période virale
Merci à nos journalistes de nous informer depuis le terrain.

Merci à ceux et celles qui respectent les mesures de confinement
Les respecter, c'est vous protéger et nous protéger chaque jour face à ce virus foudroyant.

RESTE CHEZ TOI

Reste chez toi pour te mettre en sûreté
Reste chez toi pour te protéger
Reste chez toi pour te préserver
Reste chez toi pour t'immuniser
Reste chez toi pour te soigner
Reste chez toi pour coopérer
Reste chez toi pour aider
Reste chez toi pour sauver
Reste chez toi pour te couvrir
Reste chez toi pour bénir
Reste chez toi pour te restaurer
Reste chez toi pour veiller
Reste chez toi pour t'amuser
Reste chez toi à lire
Reste chez toi à écrire

Reste chez toi a danser
Reste chez toi pour ta santé
Reste chez toi pour ta famille
Reste chez toi avec ta fille
Reste chez toi avec ton garçon
Reste chez toi pour une leçon
Reste chez toi avec ta femme
Reste chez toi avec ton homme
Reste chez toi pour ta vie
Reste chez toi pour nos vies
Car c'est toi et moi qui vaincrons ce virus
Respecte les gestes barrières
Tu assureras tes arrières !!!!

J'ai une énorme pensée envers le personnel médical qui chaque jour est confronté à ce virus du covid-19 en nous soignant.

QUINZE ANS DÉJÀ, UN ANGE NOMMÉ MAMAN

*En ce moment, je suis très nostalgique,
De certains souvenirs où j'étais vraiment heureux.
Aujourd'hui, le temps passe,
Ma vie trépasse,
Un cœur malheureux,
Un sentiment agonique.
La lumière s'éteint me tenant comme enseigne.
Seul contre vent et marée, mon cœur saigne……..
Sous ma plume me guidant vers le bagne.
Tristesse profonde, solitude grandissante mon cœur s'éloigne de ce qu'il rêvait tant.
Aujourd'hui, il est l'ombre de moi-même.
L'ombre d'une vie imparfaite, l'ombre d'un soleil éclairé.*

*Cœur meurtri, cœur égaré, c'est ma vie qui s'obscurcit
Dangereusement de cette terrible absence vécue à l'accoutumée,
Depuis ces quinze dernières années.
Aujourd'hui, le temps a passé.
Et pourtant ta présence me manque toujours autant depuis cet après-midi d'octobre où tes petits yeux se sont éteints brutalement.
Mon cœur fut arraché instantanément,
À ton amour incommensurable que tu me témoignais durant toute mon enfance.
Aujourd'hui, je me revois encore lorsque tu me faisais des câlins au petit matin.
Lorsque tu me faisais des bisous le soir rempli d'espoir.
Aujourd'hui, cet amour est meurtri et pas un seul jour, je l'oublie, tu étais tout pour moi ma maman chérie.
Mon modèle, mon mentor, et aujourd'hui encore tout ce que tu m'as appris est une base fondamentale de ma vie, j'aurais*

tellement aimé que tu voies l'homme que je suis devenu, l'homme qui te ressemble au fond, car nous deux, on se ressemble à sang pour sang.
Ta philosophie de vie est la mienne aujourd'hui et sincèrement, j'espère tellement ne pas te décevoir, car pour moi, ça serait le plus gros échec de ma vie.
Malgré tout, je suis tellement triste en ce jour, lorsque je pose ces quelques mots, mes larmes se dessinent sur mon visage glissant délicatement tel un pétale de rose fanée.
Me rappelant ce délicat moment où tu t'es envolé vers le paradis éternel telle une colombe filant vers le firmament des anges.
Quinze ans déjà de ma vie où bon nombre de péripéties se sont produites sans que tu puisses me guider,
Mais au fond de mon cœur, je sais que tu m'accompagnais,

Surtout dans les moments les plus difficiles que j'ai vécus comme ces deux dernières années ou j'étais à deux doigts de te rejoindre dans l'Au-Delà.
Tu m'as appris à me battre et combattre dans la maladie comme tu avais pu le faire par le passé.
Aujourd'hui, ton absence me manque terriblement, mais mon amour pour toi est toujours aussi croissant ma maman.
Je t'aime et je t'aimerai encore plus chaque jour jusqu'à ce que mes yeux s'éteignent doucement.
Car je le sais un jour, on se retrouvera ma maman.
Au Paradis des anges et tu seras toujours mon archange,
Celle qui me protégera jusqu'à l'infini des temps.
Ton fils qui t'aime tellement depuis trente ans !!!!!

13/11/15

En ce soir du 13 novembre 2015, nous profitions de cette douceur automnale.
Nous étions au Stade de France pour un match amical,
Entre français et allemands.
Nous étions en terrasse dans les bars et restaurants
Afin de boire, manger, s'amuser et partager un moment en famille et entre amis.
Nous étions au Bataclan afin de se divertir à un concert du groupe de rock américain Eagles Of Death Métal
Et apprécier ce bonheur musical.
Soudain, cette soirée devenait cauchemardesque.
Trois explosions se déroulaient aux abords du stade de France.

La terreur s'installait petit à petit jusqu'à cette annonce faite au Président de la République François Hollande dans l'estrade.
Ce n'était que le début de cette soirée funeste,
Qui allait ravager Paris.
Cafés et restaurants allaient être le théâtre d'un véritable massacre de parti prix.
Les balles sifflaient au milieu de la nuit sur plusieurs rues qui allaient causer de nombreux décès et blessés.
C'est toute notre jeunesse qui était touchée.
Les cris, les larmes prévenaient ce terrible drame.
Les sirènes de police, des pompiers retentissaient en continue à notre grand dam.
Hélas, le pire se produisait au Bataclan des rafales de tirs s'abattaient sur la foule faisant bon nombre de morts.

C'est tout un atrium qui était en sang.
De vaillants courageux réussiront à sortir par les issues de secours.
Pendant que d'autres allaient subir l'enfer de Dante, certains étaient tués sous les yeux d'autres personnes retenues en otage.
C'est une scène de guerre !!!!!
Des échanges de tirs se déroulaient,
Entre assaillants et policiers à couvert.
BRI (Brigades de Recherche et d'intervention), RAID (Recherche, Assistance, Intervention, Dissuasion) se déploieront afin d'en finir avec ces terroristes.
Les heures filaient, les négociations n'aboutissaient à aucune piste.
L'assaut était inévitable.
Assaillants neutralisés.
Les otages sont libérés.
C'est la fin de ce carnage abominable.

Au non de quoi ?
Pourquoi vouloir faire la loi ?
Rien ne pouvait justifier ces attaques barbares,
Au cœur de notre ville lumière.
C'est tout un monde qui était frappé.
C'est tout un monde en prière.
C'est notre liberté qui était souillée.
C'est notre égalité qui était déshonorée.
C'est notre fraternité qui était profanée.
Notre si belle France était entachée
De drame, de douleur, de malheur.
Pilier de notre vie, la ville lumière s'est éteinte en une soirée.
Seulement le courage, la bravoure de nos rescapés
Triompheront par la solidarité, la dignité
Et notre grandeur l'humanité.
Ce soir-là de véritables «Héros» sont nés.

*Rien ni personne ne pourra l'enlever.
Mon cœur saigne devant tant de haines.
Mon cœur saigne devant tant de violences.
Mon cœur saigne pour ces familles endeuillées.
Mon cœur saigne pour ces familles blessées.
Aujourd'hui, je pleure ma belle France,
Mais demain, je vaincrais et je sourirais avec effervescence.*

J'ai une énorme pensée à toutes les victimes et leurs familles. Nous ne vous oublierons pas. Jamais !!!!!

UNE VIE EN SOLITAIRE

Prolonger des adieux ne vaut jamais grand-chose.
Au contraire, on s'inflige un réel supplice.
Ce n'est pas cette présence, que l'on prolonge, mais le départ.
Celui d'une vie vers un nouveau regard.
Aujourd'hui, la solitude me rend bien.
Je ne pense à rien.
J'avance à grands pas,
Devant chaque situation me tenant les bras.
Je réfléchis puis j'agis selon les conditions se présentant
À moi, ce qui est sûr, je ne rêve plus du bon vieux temps.
J'en oublie même les chants me distinguant,
De cette histoire passionnante vécue à l'accoutumée.

Aujourd'hui, j'ai la solitude pour enseigne.
Celle-ci m'est palpable,
Un courage admirable,
Une vie en solitaire.

Je rêve d'un monde meilleur.
J'écris pour effacer mes pleurs.
Je voyage afin de retrouver un cœur.
Celui de la raison de vie,
Que je convoite avec tant d'envie.
Aujourd'hui, il y a tant de choses à découvrir,
Tant de choses à parcourir,
Et surtout tant de choses à partager.
Moi, je n'ai qu'une envie, c'est de rêver
Chaque jour, et de voler parmi ces anges
rendant le monde si merveilleux.
Car un jour, je le sais, une autre vie sera à découvrir dans les cieux.
Et ce jour-là, cela sera une vraie renaissance
Celle de l'innocence de l'enfance ……

UN RÊVE ENVOLÉ

*Aujourd'hui, un rêve s'est envolé
Vers la voie lactée.
Un rêve parti en fumée,
Tel un verre brisé en petits morceaux
Sur le sol près de la cheminée
En fusion, sous les crépitements
m'accompagnant comme emblème.
Mes larmes me précèdent.
Voilà, une parenthèse enchantée éteinte en
l'espace de quelques secondes
Et pourtant quelques ondes me tutoyaient de
l'Au-delà,
Me montrant le chemin de la vallée de la
mort,
Sans doute que j'idéalisais trop ce léger
réconfort qui m'habitait,
Sans nul doute que ce rêve fût trop beau
pour exister,*

Et pourtant, il était une lumière où je me sentais vivant,
Depuis bien longtemps.

Aujourd'hui, mes souvenirs me ramènent,
Dans la pénombre de mon cœur,
Là ou mon histoire s'est écrit.
Je crois bien que c'est un destin tragique qui m'est réservé.
Un rêve écrit à l'imparfait.
Parfois, je me demande si vraiment, je vais réussir à vivre,
Après tout ce vide qui s'est installé.
Ma raison trépasse,
Mon cœur s'arrache,
Sous l'espérance d'une vie meilleure.
Un destin brisé,
Des envies dévastées,
Une vie harassée,

Un amour consumé,
Un ange envolé,
Un rêve s'est éteint,
Un soir de décembre
Devant cette bougie senteur d'ambre.
Vous savez ce plaisir dangereux qui éblouit nos yeux.
Aujourd'hui, une parenthèse émerveillée s'est refermée.
Le rêve signifie tout ce qu'il a toujours signifié.
Il est ce qu'il a toujours été.
Un « RÊVE » qui se rêve
Sache que, tu resteras l'étoile brillante de mes rêves.
Celle qui m'a redonné l'envie d'aimer
L'espace de quelques instants
Sous le voyage astral de ma vie
Un rêve s'est envolé,
Mais tu resteras le plus beau cadeau de cette année.

UN AMOUR ÉMERVEILLÉ

Aujourd'hui, je me dévoile à toi
D'une sincérité profonde, je m'offre le choix
D'une histoire rêvée, d'un amour émerveillé.
En effet, dès que je te vois mon cœur s'emballe,
Devant ta beauté que mes yeux illuminent.
Aujourd'hui, mon cœur s'ouvre à toi
Comme un livre ouvert, cela me fait peur, mais je me lance.
Je voudrais t'appeler pour te dire tous ces mots
Qui envahissent mon cœur,
Mais je me dis que le mieux serait par ce message subliminal,
Car je suis tombé sous ton charme.
Il y a un regard que je ne peux décrire dans tes yeux,

Mais lorsque l'on se voit, je ressens cette attraction mutuelle,
Celle-ci me transperce le cœur.

Aujourd'hui, nous pourrions avancer main dans la main
Afin de construire une belle histoire,
Celle dont je rêve et j'aimerais partager à tes côtés.
Dis-moi est ce que tu aimerais vivre cette aventure ?
Dis-moi est ce que tu aimerais construire un futur ?
Aujourd'hui, je tente ma chance,
Car celle-ci me fuyait jusqu'à présent.
Parfois, il faut savoir forcer le destin.
Aujourd'hui, je m'offre le chemin
De l'amour que je t'adresse.

Ton visage d'ange est mon repère.
Il me comble de désirs à ton égard,

*La manière avec laquelle tu me regardes me dit que peut-être une histoire serait possible,
Afin que tu puisses mettre des paillettes dans ma vie,
Pour l'illuminer avec envie.
C'est peut-être un regard, je sais, mais il représente l'amour,
Celui que je convoite depuis toujours,
Et dont je demande à vivre chaque jour.
Tes yeux bleus m'hypnotisent
La douceur de tes mains se dessine
sur les miennes,
Une alchimie m'est présente.
Le battement de mon cœur s'accélère en ta présence.*

*Aujourd'hui, tu pourrais être à mes côtés,
Tu pourrais me laisser effacer tes maux,
Tu pourrais me laisser te câliner,
Tu pourrais me laisser t'embrasser,
Tu pourrais me laisser t'aimer,*

Tu pourrais me laisser rêver,
Toute une vie, dans la joie et la bonne humeur,
Au pays qui nous ressemble
Et nous rassemble
Parfois, il faut du temps pour aimer
Mais avec toi, je vois la vie en rose.
Aujourd'hui, je ne demande qu'à vivre ces choses passionnément
À tes côtés, vivre cet amour intensément.
Il y a des choses qui s'écrivent chaque jour,
Et l'amour que je ressens pour toi
Me fait prendre conscience qu'il est vital.

Aujourd'hui, le destin peut nous réunir,
Dis-moi juste si tu m'aimes,
Dis-moi juste que je ne rêvasse pas,
Dis-moi juste que je sois l'homme qui pourrais changer ta vie,

Si c'est le cas, je te donnerai tout ce temps dont tu auras besoin.
Aime-moi et je t'aimerais comme jamais, je n'ai aimé auparavant.
Notre amour sera croissant chaque jour
Car celui-ci vivra en moi pour toujours !!

PRÈS DE MOI

Lorsque tu es près de moi, ton visage illumine mon cœur.
Lorsque tu es près de moi, ton regard se baigne dans le mien.
Lorsque tu es près de moi, ton sourire me tient en vie.
Lorsque tu es près de moi, tu me fais rêver.
Lorsque tu es près de moi, tu me donnes envie.
Lorsque tu es près de moi, je ne peux m'arrêter de fantasmer.
Lorsque tu es près de moi, je vois la vie en rose.
Lorsque tu es près de moi, je me sens pousser des ailes,
Celui de l'amour que j'ai à ton égard
Par la religion de ton regard.

Lorsque tu es près de moi, je m'imagine une vie merveilleuse.
Lorsque tu es près de moi, ta beauté m'est radieuse.
Lorsque tu es près de moi, je me sens euphorique.
Lorsque tu es près de moi, tu es ma bouffée d'oxygène.
Lorsque tu es près de moi, j'ai des papillons dans le ventre.
Lorsque tu es près de moi, tu inondes mes pensées.
Lorsque tu es près de moi, mon cœur s'emballe,
Sous la vague douceur de l'amour qui s'illumine.
Lorsque je suis près de toi, je ne peux m'empêcher de te toucher.
Lorsque tu es près de moi, ta voix est hypnotique.
Lorsque tu es près de moi, je me sens authentique.

Lorsque tu es près de moi, je ne veux que t'embrasser.
Lorsque tu es près de moi, tu es ma raison d'être.
Lorsque tu es près de moi, je suis le plus heureux.
Lorsque tu es près de moi, je ne peux que t'aimer.......

UNE NUIT ÉROTIQUE

En cette nuit étoilée,
Mon désir sexuel est considérable,
Tant ce plaisir qui m'habite m'est confortable.
Aisément, tu me rejoins de manière magistrale,
Dans notre suite nuptiale.
C'est toute mon excitation qui en devient remarquable,
Devant cette ode de tendresse.
Entrons dans cette bulle sensuelle et passionnelle pour une nuit en amoureux,
Celle-ci sera mémorable.
Les nuances sont raffinées.
Bougie parfumée,
Lumière tamisée,
Chemin de roses jonchant le sol,

Coeur dessiné sur le lit.
Tu t'approches doucement de manière sensuelle,
Afin de rendre ce moment perpétuel.
Tu me susurres des doux mots d'amour,
Au creux de l'oreille qui éveille mon désir chaque jour.
Passionnément, tu m'embrasses de manière déterminée,
Puis tu poses ta main sur mon corps.
Je me sens envoûté par un sort
D'amour, en commençant par l'odeur de ton parfum.
Mon désir en devient abondant.
Je te déshabille sensuellement toute en cadence,
De cette nuisette rouge carmin,
Qui me provoque tant d'effervescence.
La chaleur en fusion de nos corps enlacés m'interpelle.

Mes sens les plus développés se mettent en éveil.
Ton regard m'assassine.
Le désir me guette.
Le toucher s'émerveille d'une délicieuse caresse,
Sur ta peau recouverte de lait d'ânesse.
Le goût de ta langue me ramène aux cafés des délices.
C'est un véritable feu d'artifice !!!!!
La sensation me submerge,
La satisfaction me berce.
Je te parcours érotiquement de haut en bas.
Je te dépose un doux baiser
Sur tes lèvres purpurines,
Puis doucement d'un coup de langue,
Je te parcours le cou,
Et cela en vaut vraiment le coup.
La jouissance s'installe
Petit à petit, en guise de friandise.

L'espace d'un instant, j'apprécie ce moment merveilleux.
J'esquisse le contour de tes seins
Sensuellement, de ma main baladeuse,
Puis de baisers délicats,
Qui te rend si joyeuse,
Et encore plus agréable.
Mon appétit sexuel en devient appréciable.
Je me sens de plus en plus libéré.
Charnellement, ma langue parcourt ta poitrine,
Puis mes mains se baladent sur tes hanches, tes fesses et tes jambes élancées.
Je te désire encore plus qu'au premier jour.
Je te pénètre avec délicatesse,
Cette douceur est source de tendresse,
Ce somptueux regard en dit long sur ce moment merveilleux.
Une simple mélodie résonne dans la chambre.
Un instant, si délicat se livre et nous amène à l'orgasme.

J'écoute et j'admire le spectacle
Que tu m'offres de manière formidable.
Les gémissements et les cris me sont interminables.
Je me rends compte que le chemin n'est pas au bout de mes surprises.
Je te laisse prendre la main en retour,
Et cela en vaut vraiment le détour.
Ton regard est si désirable, si admirable, si doux,
Que je peux lire cette fantaisie qui t'anime.
Je suis dépendant de toi,
Mon amour est synonyme de loyauté envers toi.
Quand tes lèvres caressent ma peau,
Mon plaisir en devient volcanique.
J'ai de plus en plus chaud,
Devant cette exaltation,
Sous tes baisers les plus ensorcelés.
Je ne peux résister à la tentation
Qui me transperce le ventre,

*Remontant ainsi jusqu'à mes lèvres,
Par ta langue si voluptueuse.
J'aperçois le septième ciel en ligne de mire,
Je m'envole au firmament,
Par tes simples caresses.
Nos deux corps s'enlisent comme une richesse.
Tu glisses ton corps sur le mien,
afin de me donner ce plaisir intense,
Lorsque tes doigts me caressent le corps
Exquisément, pour en parcourir chaque contour jusqu'au bout du bout.
Tendrement, mon appétit sexuel fut rassasié,
Par cette gâterie aphrodisiaque.
C'est l'instinct exotique,
Pour une nuit érotique,
Dans un cadre romantique.
Je me glisse de nouveau dans tes bras,
Pour te murmurer au creux de l'oreille,
Que tu es la plus désirable des femmes, mon amour pour toi est aussi vaste que l'univers.*

MA BELLE ÉTOILE

Je crois en ma belle étoile Océane,
Son élégance et sa lumière se dévoilent
Par ses courbes infinies qui me tiennent en vie.
Sa tendresse est l'enveloppe de mon cœur telle une rose en éclosion.
Ses pétales me sont douceur et volupté,
Ce qui anime ma satisfaction
La plus désirée.
Ce parfum charnel m'est un délice.
Seul devant cette splendeur idéalisée,
Mon cœur s'enflamme devant cette beauté,
Qui me retient avec attention.
Mon rêve est encore plus beau avec cette réflexion
Tutoyant mon regard, lorsqu'elle me fait les yeux doux.

Sa senteur me pénètre et me parcourt lentement
Par l'étendue de ses bras m'illuminant
Telle une pleine lune
Scintillant non loin de la dune
Du pilat ou son cœur est ma boussole.
Sans lui, je ne pourrais pas trouver le chemin de l'amour,
Celui qui m'anime chaque jour.
Je crois en ma belle étoile Océane.
Elle est la femme que j'avais toujours espérée.
Mon cœur lui sera loyal
Car sa sincérité m'est fidèle.
Aujourd'hui, j'en rêve encore de ces moments partagés
De sa simple présence,
Qui m'encense.
Son visage m'est singulier.
Son sourire m'est douceur.
Ses lèvres sont parfumées.
Son cœur est un artifice,

Rempli d'un bonheur bien particulier,
Celui d'un amour véritable,
Qui m'est admirable.
Chaque jour, voyager à ses côtés est une bénédiction,
Car celui-ci est un privilège qui me donne pleinement satisfaction.
Demain, je te suivrais là ou tu voudras
Car l'amour que j'ai pour toi
Traversera la galaxie des temps........

TANT DE CHOSES………

Tant de choses à dire
Tant de choses à écrire
Tant de choses à décrire
Tant de choses à lire
Tant de choses qui me font sourire
Tant de choses m'attirent
Toi mon amour, qui me rend si heureux
Tant de choses à vivre
Tant de choses à chérir
Tant de choses à découvrir
Tant de choses à offrir
Tant de choses à parcourir
Toi mon amour, qui m'est précieux
Tant de choses à aimer
Tant de choses à partager
Tant de choses à s'émerveiller
Tant de choses à sublimer

Tant de choses à se communiquer
Tant de choses qui sont notre liberté
Toi mon amour, qui est le mien, tu seras ma dulcinée étoilée pour l'éternité …..
Tant de choses à vouloir
Tant de choses à pouvoir
Tant de choses à croire
Tant de choses à s'émouvoir
Tant de choses à recevoir
Tant de choses à préserver
Tant de choses à rêver
Toi mon amour, qui m'est galactique
Il bercera notre idylle magique !!!!!

À LA VIE A LA MORT

Depuis que nous nous sommes rencontrés,
Je savais que tu serais la femme de ma vie,
Celle qui me ferait vibrer
De bonheur et qui réaliserait mes rêves.
Depuis que nous nous sommes rencontrés
Ma vie a totalement changé
D'aspiration, tu as trouvé en moi ce qui m'était caché
Au fond de mon cœur, «l'amour»
Celui que je te témoignerais chaque jour.
Depuis que nous nous sommes rencontrés,
Mon cœur apprend de nouveau à battre doucement
Sous la vague douceur de l'amour,
Qui nous guidera chaque jour.
Un vent calme nous reposera en passant
Sous l'Allende des oiseaux avec de tendres baisers.

Depuis que nous nous sommes rencontrés,
Nous avons affronté bon nombre de péripéties.
Aujourd'hui, nous sommes encore plus forts.
Rien n'est impossible,
Quand nous sommes ensemble.
À la fin c'est toujours l'"amour qui triomphe.
Cela est un véritable miracle,
Rien, ni personne ne pourra nous séparer,
L'amour que nous avons construit,
Celui que je te porte
Et qui m'emporte
Est plus fort que tout.
À la vie, à la mort.
Depuis que nous nous sommes rencontrés,
Ma vie s'est totalement illuminée
Je voyagerais avec toi dans mes rêves les plus fous
Que j'avais tant espérés par le passé.

*Aujourd'hui, nous sommes réunis
Devant notre famille, nos amis,
Pour seller cet engagement,
Ce pacte que nous nous sommes promis
Par les liens sacrés du mariage,
Celui de se jurer confiance, fidélité
Et de s'aimer à la vie à la mort.*
Aujourd'hui, je suis le plus heureux des hommes, tellement fier que tu sois la femme de ma vie.
Sache que mon amour
Te guidera chaque jour,
Jusqu'à ce que la mort nous sépare.......

« L'amour est notre destinée, il faut être deux pour le conquérir. »

CITATIONS

1. « L'amour est la sagesse du fou et la raison, le génie du mage. »

2. « Le plus beau cadeau de Noël que tu puisses avoir, c'est d'être simplement avec les gens que tu aimes. Le reste est juste anecdotique. Joyeux Noël »

3. « Le devoir de mémoire est important, cela nous ramène toujours à la souffrance du passé, mais c'est une partie intégrante de notre histoire, c'est le souvenir d'une personne qui nous été chère. »

4. « Même si la Toussaint est un moment de recueillement et de commémoration envers ceux qui nous ont quittés, il n'y a pas un seul jour où l'on ne pense pas à eux, le seul fait marquant qui le caractérise est une tombe toute fleurie.»

5. *« Ma souffrance est le combat de ma vie, il est également la force que je possède le plus intérieurement. »*

6. *« La vie est remplie de choses extraordinaires, il faut vivre à fond et profiter de l'instant présent, car on ne sait de ce que le lendemain sera fait. « Te voir triste, me rend triste également, car ce que je souhaite plus que tout, c'est te voir heureuse. »*

7. *« Le rêve amoureux ne satisfait pas les connaissances juste le don de ton cœur qui m'était cher. »*

8. *« La vie est un long chemin parsemé d'embûches, mais lorsque tu te bats avec détermination et panache, l'avenir ne peut qu'être radieux. »*

9. *« La vie s'est comme un livre chaque jour, une nouvelle page s'ouvre peu à peu et c'est une histoire qui se construit. »*

10. *« La vie est un rêve que l'on dirige chaque jour. »*

11. *« Le bonheur s'est la communion d'un partage véritable, d'une union que l'on s'efforce d'enrichir. On le vit ou on l'envie. »*

12. *« Un amour providentiel est une sagesse qui sublime l'être aimé, celui-ci devient croissant jusqu'à la fin ultime, cet ange est béni des dieux. »*

13. *« Parfois, il en faut peu pour être heureux, un simple sourire peut vous émerveiller !!!!!!!!!!!!!! »*

14. *« Les gens se servent de toi par intérêt et après quand ils ont obtenu ce qu'ils veulent et bien, ils te mettent un coup de couteau dans le dos... Ce sont sûrement ceux qui n'ont pas la valeur de la vie et encore moins de valeurs tout court, sur le coup ça fait mal, tu te demandes ce que tu as bien pu faire ou dire, mais sincèrement je ne les envies pas du tout car tôt ou tard tout se paye ! »*

15. *« Mon amour est si grand que mon visage est éclairé, quand il est proche de toi. »*

16. *« Laissons passer l'orage, c'est dans le silence d'après que la lumière brillera.»*

17. *« Quand l'âme adoucit les cœurs, c'est le bonheur suprême. »*

18. *« Il y a des choses qui nous font mal, mais c'est dans cette douleur que l'on se forge un caractère. »*

19. *« N'écoute personne suit ton propre instinct, seule ta vérité en sortira grandit. »*

20. *« Avec le temps, j'ai appris qu'il était primordial de prendre soin de soi avant de prendre soin des autres. À force de vouloir trop donner aux autres, on s'oublie et c'est là que personne n'est présent pour toi. »*

21. *« J'ai de l'amour à revendre et pourtant, ce mystère est grand. »*

22. *« Il y a des rencontres qui nous bouleversent, par de simples gestes, de simples regards, et il y a toi celle qui m'a redonné un sens à la vie, tu es ma formidable raison d'être heureux. »*

23. *« Chaque jour est un défi à réaliser chaque instant est une histoire à raconter, rien ne vaut la vie si elle ne vaut pas la peine d'être vécue.»*

24. *« Reste fidèle à toi-même et à tes convictions avant de songer de changer pour une personne, pense à ceux qui t'aiment pour la personne que tu es, l'authenticité est le respect de soi. »*

25. *« L'amour est un voyage quotidien, chaque jour, tu traces une feuille de route afin que celui-ci soit meilleur et toujours passionné. »*

26. *« Le destin est entre mes mains à moi de tout faire pour que cela soit en ma faveur. »*

27. *« Chaque individu a dans sa vie son lot de souffrances, le plus difficile est la solitude.»*

28. *« Il y a quelque temps, déjà, j'ai perdu le goût du bonheur, chaque jour, j'essaye de nouveau de retrouver ce chemin de la vie. L'espérance, c'est ce qui nous tient en vie. »*

29. *« Il n'y a rien de plus beau et tendre que l'amour d'une mère pour ses enfants. »*

30. *« Chaque jour est une découverte pour chacun d'entre nous, parfois, elle nous révèle des choses que l'on aurait jamais soupçonnées !!!! »*

31. *« À trop ouvrir son coeur, on finit souvent par se le faire briser, vous savez ce genre de sensation de n'avoir aucune valeur. »*

32. *« Quand l'amour est sincère, il est la plus grande douceur qu'un cœur puisse partager, aimer, c'est la tendresse suprême de notre vie. »*

33. « Cet instant quand tu as l'habitude de toujours parler à une personne, et quand t'arrêtes de lui parler, tu sens un vide, un manque en toi. »

34. « Ne jamais croire que l'on a acquis totalement les choses, c'est là qu'après la chute est grande. »

35. « Un jour tout va bien et tout nous sourit et les lendemains sont difficiles.»

36. « Le rire, c'est le remède à tout. C'est celui qui l'espace d'un instant nous apporte bien être et réconfort. Le rire s'est la vie. »

37. « Plus ton désir sera intense envers la personne que tu aimes plus tu éprouveras du désir à son égard. C'est l'amour charnel !!!!!! »

38. *« Le mariage s'est créé l'unique, c'est la consécration du plus grand des amours, celui de ne former qu'un. Nous avancerons main dans la main vers une destinée heureuse, car toi + moi, c'est l'infini multiplié par l'infini.»*

39. *« Il est si doux d'être aimé par celui où celle que l'on aime. »*

40. *« Dans la vie, il faut savoir aller de l'avant et oublier les choses que l'on a vécues, sinon notre vie se résume à une seule chose tristesse. »*

41. *« La formidable raison d'être heureux dans une vie, c'est d'être avec celui ou celle que l'on aime. »*

42. *« La poésie, c'est la vie, le rêve, la boussole qui m'accompagne chaque jour rempli d'espoir et d'amour. »*

43. « L'horizon est grand, mon chemin est obscurci, mais j'ai la certitude d'une chose, le désir d'avancer. »

44. « Il n'y a pas d'amour, sans compliment.»

45. « Le plus beau compliment que tu puisses dire à celui que tu aimes est Je t'aime. »

46. « L'avenir est quelque chose qui se construit jour après jour, chacun de ses jours est un chapitre que tu écris de ta vie. »

47. « La sagesse s'acquiert lorsque que notre tendresse nous émerveille. »

48. « L'amour se fonde par la douceur de notre cœur, l'amour ne choisit pas, il se forme. »

49. *« L'amour envers l'être aimé s'exprime chaque jour à cœur ouvert, celui-ci est une bénédiction quotidienne d'être entourée par celui ou celle que l'on aime, certes nous sommes à la saint Valentin, mais pour échanger des mots doux, des cadeaux comme preuve d'amour ou encore des roses rouges qui sont l'emblème de la passion, il n'y a pas de jours particuliers pour le faire. La flamme de l'amour s'entretient quotidiennement sinon elle se consume…. »*

50. *« La vie est un réel combat dont la force s'acquiert chaque jour. »*

51. *« Tant que ton cœur s'illuminera, c'est tout ton rêve qui brillera. »*

52. *« Pour la beauté du geste, la douceur de mon cœur, c'est un câlin amoureux par la douce intimité de mes mots. Toi + moi, c'est l'harmonie parfaite de nos corps. »*

53. *« Il n'y a pas mieux qu'un gros câlin pour trouver l'apaisement et la douceur afin d'y effacer les maux. »*

54. *« Si tu n'étais pas dans ma vie, mon cœur serait un désert perpétuel qui me rendrait monotone. »*

55. *« On ne peut être d'accord avec tout le monde, mais la liberté d'expression est un droit que tout homme est en droit d'exprimer par la pensée et ses opinions !!!!!!!!!! »*

56. *« N'accordez jamais votre confiance à quelqu'un on arrive toujours à être déçu, même par ceux qu'on n'imaginait même pas… »*

57. *« La mort n'est rien, la souffrance est pire, car elle vous tue à petit feu. »*

58. *« Parfois, le courage ne suffit plus quand on a mené beaucoup de batailles. La seule chose que l'on aimerait, c'est que tout s'arrête. »*

59. *« J'ai appris par le passé que le temps était précieux, aujourd'hui, c'est une confirmation, la vie est un voyage à court terme, dont la mort est une signature éternelle. »*

60. *« La confiance se gagne chaque jour, elle n'est pas acquise dans l'immédiat, ce sont les actes qui engendrent la confiance. »*

61. *« Tant que mon cœur battra, je ne cesserais de t'aimer....... »*

62. *« Mon plus beau Noël, c'est de voir les gens heureux autour de moi, c'est ça l'esprit de Noël !!!! »*

63. *« L'amitié est un livre qui s'écrit chaque jour, cela prend du temps pour conquérir une amitié fusionnelle, mais il ne faut qu'un instant pour tout détruire. »*

64. *« Parfois, la solitude peut être pesante, mais l'avantage, c'est que tu ne seras jamais trahi par celui que tu n'aurais jamais imaginé qu'il puisse te faire du mal !!!!!! »*

65. *« Être amoureux, c'est voir dans celui ou celle que l'on aime ce qu'on y souhaite, seule la sincérité en sortira plus grande. »*

66. *« Parfois, dans la vie, on fait des choses qui nous semblent bien, mais parfois, on se rend compte que tout cela n'était vraiment pas les bons choix… L'analyse profonde fait prendre conscience de certaines choses. Je ne regrette en aucun cas mes décisions même si certaines restent encore un mystère.»*

67. *« Nous croyons que la vie se partage, que nous, nous tenons les uns les autres par un fil conducteur, mais au fond seul, tu avanceras et mieux tu seras !!!!! »*

68. *« La seule certitude que tu peux avoir, c'est que ton animal te restera fidèle contrairement aux humains !!!!!!!!!!!!! »*

69. *« L'amour éternel est tellement rare qu'il soit primordial de le préserver et de l'enrichir par des actes. »*

70. « *Quand la sincérité est au rendez-vous, c'est toute la richesse du cœur qui en découle.* »

71. « *L'amour s'est l'ouverture du cœur parfois, il faut savoir aller au-delà pour y trouver le remède et y effacer tous les maux !!!!!* »

72. « *Je garde l'espoir qu'un jour, un amour aussi fort et passionné seront dans ma vie. Car l'amour, c'est le plus beau sentiment d'une vie.* »

73. « *Les pires trahisons viennent toujours de ceux en qui tu avais le plus confiance, c'est pourquoi il faut être méfiant quelles que soient les circonstances.* »

74. *« Le mal est un poison foudroyant qui ne pardonne pas, quand tout part à la dérive, c'est tout un malaise qui s'installe. »*

75. *« Une femme se doit d'être protégé en toutes circonstances par l'homme, car c'est la fragilité, une sensibilité, une douceur que l'on doit préserver. »*

76. *« Le destin est entre nos mains à nous d'écrire une nouvelle page de notre histoire !!!!! »*

77. *« Être sincère, c'est la prémisse d'un amour radieux, seule la confiance s'acquiert. »*

78. *« Un simple sourire peut apporter joie et réconfort à autrui. »*

79. « L'amour parfait n'existe pas, mais celui-ci n'a pas besoin d'être parfait, il a juste besoin d'être sincère. »

80. « Une simple rencontre peut changer toute une vie, un seul regard suffit pour en comprendre la signification. »

81. « Lorsque l'on tombe amoureux étant enfant, on apprend à aimer l'autre, on apprend à apprécier l'autre, on apprend à aimer les qualités de l'autre, c'est l'innocence de l'enfance !!!!! »

82. « Une souffrance dissimulée est une souffrance profonde que nul ne veut révéler tant ce mal vous détruit corps et âme. »

83. « C'est lorsque tu vis pleinement tes rêves que tu t'aperçois que tu avances dans la vie, chaque instant est précieux.»

84. *« La jalousie tue l'amour. »*

85. *« L'essentiel du bonheur de la vie, c'est de rester soi-même. »*

86. *« Parfois, nous faisons des rencontres imprévues qui peuvent changer toute une vie. C'est aussi cela les mystères de la vie. »*

87. *« Parfois, tu penses que tout va bien et que tout te sourit, mais en réalité derrière tout cela il y a toujours une chose ou un fait pour contrecarrer tout ce bonheur qui s'offrait à toi. »*

88. *« Un simple sourire peut illuminer notre vie et lorsque cette personne si souriante vous témoigne ce joli partage, une simple pensée vous illumine le cœur. »*

89. « Dans la vie, la plus belle récompense que tu puisses recevoir, c'est l'amour inconditionnel de ceux qui t'apprécie. »

90. « Quand tes yeux s'illuminent aux éclats, c'est l'instinct amoureux qui s'éveille en toi une pensée un regard, c'est l'amour suprême !!!! »

91. « Si tu te bats chaque jour, ta destinée peut-être une étoile dorée. »

92. « Ma tristesse est ma force, en somme une richesse pour combattre la vie................ »

93. « L'instinct de survie est la chose la plus pragmatique que l'on puisse posséder. »

94. « L'espoir fait vivre, mais l'attente fait mourir. »

95. *« Tu dois croire en tes rêves. C'est comme ça que tu maintiens la magie des choses !!! »*

96. *« L'authenticité est une vertu qui se dessine par l'intimité du cœur. Être vrai me rend heureux et c'est un bonheur qui se rêve. »*

97. *« L'amour est un long voyage qui s'écrit, qui se forme et qui s'unifie au fil du temps. »*

98. *« Chaque jour est un défi à réaliser chaque instant est une histoire à raconter, rien ne vaut la vie si elle ne vaut pas la peine d'être vécu. »*

99. *« Croire en ses rêves, c'est vivre d'un destin illuminé. »*

100. « Ton amour pour moi est le plus beau des cadeaux, lorsque je suis à tes côtés, je rêve, je vis. Un simple "je t'aime" est une bénédiction. »

101. « Mon amour pour toi est aussi vaste que l'univers, pour toi, je déplacerais des montagnes, car tu es tout pour moi. Chaque jour qui s'écrit est un véritable bonheur à tes côtés. »

102. « Au fond de soi, nous avons toujours cette petite lumière qui nous maintient en vie même dans les moments difficiles. »

103. « Mon cœur est la flamme du soleil, mon amour pour toi est aussi vaste que l'univers.»

104. « Suivre son instinct, c'est développer notre conscience afin de la rendre encore plus juste. »

105. *« J'ai le rêve qu'un jour mes enfants vivront dans une nation bienveillante, tolérante, ouverte d'esprit où ils ne seront pas jugés pour la couleur de leur peau, pour leur orientation sexuelle, mais pour leur caractère et leur talent.»*

106. *« La jalousie est destructrice, cela n'apporte rien de bon et constructive dans nos vies. Au contraire, on s'inflige de la souffrance. »*

107. *« Un baiser échangé avec tendresse est un baiser raffiné, il est le symbole savoureux d'un amour passionné, celui d'un attachement profond dans le temps. Ferme les yeux et savoure ce moment, l'amour naît puis s'écrit. »*

108. *« La tendresse d'un baiser est l'âme de notre cœur. »*

109. « *Peu importe, la personne qui partage ta vie, celle qui t'embrasse, l'essentiel, c'est d'être heureux, le regard des autres, on s'en fiche royalement.* »

110. « *Un amour est sincère si et seulement si l'être aimé se dévoile corps et âme auprès de vous, que ce soit dans les paroles ou les actes sinon il n'est que mensonge.* »

111. « *L'amour se forme, se vie, se partage et ne forme plus qu'un.* »

112. « *C'est dans l'horizon qui j'y vois le rêve d'un monde meilleur, celui de la paix éternelle.* »

113. « *C'est dans ces moments de légèreté et de bien-être, que mon cœur s'émerveille devant cette béatitude qu'est la vie.* »

114. *« Le cœur a la plus belle mémoire que l'on peut trouver en soi. L'amour est la principale reconnaissance que l'on y trouve, il est le trésor de notre vie. »*

115. *« La délivrance est un soulagement qui me donne satisfaction. »*

116. *« Ce sont les choses les plus basiques, que l'on a tendance à oublier qui nous rendent le plus heureux. Un simple sourire, une simple parole, un simple geste peuvent tout changer dans notre vie. »*

117. *« C'est dans notre cœur que tout se construit, l'amour de soi et des autres est la principale fondation de notre vie. »*

118. « Le cœur est le plus bel écrin pour y ranger tout l'amour que l'on donne et que l'on reçoit. L'amour est le berceau de notre vie et lorsqu'il est partagé, c'est l'harmonie parfaite. »

119. « L'amour naît d'un regard, puis d'un sourire, se forme d'un baiser, puis se concrétise d'un « je t'aime ». C'est tout simplement l'union de deux âmes parfaites. »

120. « L'amour est le roman de notre cœur, chaque jour, il s'écrit, chaque jour, il se rêve, chaque jour, il nous rend plus fort. Toi et moi, c'est la somme parfaite d'un amour infini. »

121. « Le chemin est parfois long, mais il peut être nécessaire qu'il en soit ainsi, car la réalisation n'en sera que plus grande. »

122. *« C'est lorsque tu t'évades la nuit que tu trouves le chemin de la lumière. »*

123. *« Je ne te dis jamais assez que je tiens à toi.. Que je serai toujours là si tu as besoin. On ne dit jamais assez aux gens qu'on les aime. Et pourtant, ton amour m'entraîne chaque jour. »*

124. *« La frustration est grande, mais la rédemption l'est encore plus. »*

125. *« La plus belle des tendresses, c'est de se blottir l'un contre l'autre puis s'endormir ensemble, c'est retrouver une paix intérieure. »*

126. *« Ne renonce jamais à ce que tu aimerais réaliser, car si c'est le cas, tu finiras par le regretter. »*

127. « L'amour est un esprit céleste dont la femme est la principale étoile du firmament.»

128. « Parfois, c'est au moment où l'on s'y attend le moins que les choses vous sourient !!!!!! »

129. « Admirer ce que tu as déjà accompli, c'est le plus beau moment d'une vie, c'est aimer et apprécier toutes ces choses pour lesquelles on rêvait. »

130. « L'homme aura toujours besoin d'une femme dans sa vie celle-ci sera d'être l'apaisement, la douceur, la tendresse qu'un homme puisse avoir, elle sera la sagesse qui le guidera sur le chemin du bonheur.»

131. « Un compliment n'a jamais fait de tort à personne au contraire, il apporte un magnifique sourire. »

132. « Bonifie tes rêves la nuit, la réalisation n'en sera plus belle au grand jour. »

133. « La douceur de ton cœur est un bien précieux, c'est un arôme subtil qui m'apaise et me rend si fou de toi. Ton amour est ma raison de vivre. »

134. « L'amour a ses secrets, pour les découvrir, il suffit de suivre le chemin du cœur. »

135. « Avance pas à pas, tu trouveras le chemin de la lumière, celui qui écrira ton destin. »

136. « La vie est un réel combat dont la force s'acquiert chaque jour. »

137. « Force et détermination sont la clé de la réussite, sa réalisation en devient plus belle une fois l'objectif atteint. »

138. « Il n'y a rien de plus beau que d'être entouré d'une personne solaire autour de vous, celle-ci vous apporte la tranquillité de l'esprit, la confiance et la sérénité de l'âme. »

139. « La sincérité est une vertu que seul mon cœur guidera par le bien fait de l'amour que je porte à ceux qui m'entoure. »

140. « Le sexe est un vaste terrain de découverte dont son désir est un plaisir profond, celui de la séduction de l'âme. »

141. « Ce qu'il y a de plus admirable dans l'amour d'autrui, c'est que l'on peut y croire. »

142. « Le rêve est la plus belle chose qui puisse rester en vie avec l'amour. »

143. « La nuit me porte conseil et celle-ci m'est rêveuse, tant de choses m'abritent et ne demandent qu'à se vivre. »

144. « Ton cœur est un véritable trésor, il est rempli de sensibilité, chaque contour qui le compose est une véritable révélation celui d'un amour éternel en fusion. »

145. « Tu pourras toujours me mettre un genou à terre, mais pas les deux, je me relèverais toujours tel un phénix renaissant de ses cendres. »

146. « La nuit, ma réflexion est en éveil, celle-ci me guide afin de trouver le chemin du bonheur. »

147. « Rêvons la nuit, demain, sera encore plus grand. »

148. « Il n'est jamais trop tard pour vous fixer de nouveaux objectifs ou rêver à de nouveaux rêves, le principal est de croire en ses capacités. »

149. « Malgré les maux et les joies, c'est toujours au fond du cœur que l'on y trouve les clés du chemin. »

150. « Quand j'ai besoin de lumière, je regarde au plus près de ton cœur comme lorsque je regarde le soleil et j'y vois une illumination divine. »

151. « L'impression de ne rien représenter aux yeux de quelqu'un est le pire sentiment !!!!! »

152. *« Un amour fou ne sera qu'infini que si et seulement si tu te donnes les moyens de le préserver dans le temps. »*

153. *« La beauté se contemple, la sincérité du cœur s'admire. »*

154. *« À trop ouvrir son cœur, on finit toujours par le payer très cher, c'est pourquoi la méfiance est à la rigueur ce que l'amour est au cœur. »*

155. *« Se remettre en question permet à la réflexion d'être en éveil et d'avancer sur le chemin de la vie en faisant les bons choix. »*

156. *« La solitude est une mort lente, seul celui qui la ressent peut comprendre cette souffrance qui nous consume. »*

157. *« Il n'y a rien de plus tendre et de doux que se blottir contre sa femme et lui témoigner tout notre amour. »*

158. *« Le temps passe, mais les souvenirs sont ancrés en nous, mon cœur vivra toujours en toi, jamais je ne t'oublierais. »*

159. *« L'amitié entre une femme et un homme est très délicate, car le raccourci qui s'y prête est l'amour en effet, toute part d'ambiguïté s'y prêtera !!!!!!! »*

160. *« Si l'amour peut garder une personne vivante sans mal, ni souffrance, c'est qu'il s'agit d'un amour parfait, une totale harmonie ne peut qu'être unique. »*

161. *« Se remettre en question permet de comprendre ses erreurs afin d'en tirer profit lors d'une prochaine échéance, plus tu iras dans l'analyse plus tu trouveras la solution. »*

162. « *L'amour est un exutoire dans lequel on se donne corps et âme afin de satisfaire l'être aimé.* »

163. « *Derrière une grande générosité, se cache un cœur en or, celui-ci se sublime par ailleurs d'un magnifique sourire tout illuminé.* »

164. « *Dans la vie, on ne peut qu'avoir confiance en soi-même, car tôt ou tard, la personne a qui tu te seras confié te trahira dans son propre intérêt.* »

165. « *La beauté est quelque chose qui s'exprime du regard par un sourire, une tendresse, une douceur à votre égard. C'est l'intelligence même d'une chose unique dans la vie : le regard simple.* »

166. « Tôt ou tard, la mort subvient cela fait parti de la vie, mais après cette vie une seconde vie commence le paradis éternel !!!! »

« Écris une partie de l'histoire, car notre amour sera merveilleux, j'écrirais la seconde moitié car toi et moi, c'est un amour infini. »

Remerciements

Je souhaite remercier mon éditeur qui me donne l'opportunité d'avancer vers mon rêve ainsi qu'à vous très chers lecteurs qui donnent un sens à celui-ci.

Merci à chacun d'entre vous d'être présent depuis le début pour certains d'entre-vous.

«A Cœur Ouvert»

Christopher Petit

169

©Copyright 2021 Christopher Petit

Éditeur : BoD-Books on Demand, 12/14 rond point des Champs Élysées, 75008 Paris, France

Impression : BoD-Books on Demand, Norderstedt, Allemagne

ISBN : 9782322255108

Dépôt légal : Mars 2021